Anthroposophie für Einsteiger

Wie Sie die Weltanschauung der Anthroposophie leicht verstehen und Schritt für Schritt in Ihren Alltag integrieren – inkl. praktischer Übungen und Monatsplänen

Anita Jung

Alle Ratschläge in diesem Buch wurden vom Autor und vom Verlag sorgfältig erwogen und geprüft. Eine Garantie kann dennoch nicht übernommen werden. Eine Haftung des Autors beziehungsweise des Verlags für jegliche Personen-, Sach- und Vermögensschäden ist daher ausgeschlossen.

INHALT

Was erwartet Sie in diesem Buch? 1

Anthroposophie zwischen Wissenschaft und Mystik
.... 4

Anthroposophie als Wissenschaft im Wandel 7

Anthroposophische Einflüsse in unserer modernen
Gesellschaft 11

   Waldorfpädagogik 12

      Ätherleib 13

      Astralleib 13

      Das Ich 13

   Medizin 16

      Kunsttherapie 17

      Heileurythmie 17

      Massagen 17

   Naturkosmetik 18

Anthroposophie in der Praxis 19

   Die goldene Regel 20

   Die sechs Nebenübungen 21

      Gedankenkontrolle 22

      Initiative des Handelns 24

      Gelassenheit 26

Unbefangenheit 28

Glaube 28

Inneres Gleichgewicht 30

Die vier Nebenregeln 31

Die Seelenübungen 33

Sinnbildliche Vorstellung 33

Mathematische Vorstellung 34

Worte oder Sätze 34

Der Yoga-Schulungsweg (Denken) 35

Yama 36

Niyama 38

Asanam 40

Pranayama 40

Pratyahara 42

Dharana 43

Dhyana 43

Samadhi 44

Der christliche Schulungsweg (Fühlen) 45

Der Rosenkreuzer-Schulungsweg (Wollen) 45

Studium 46

Imaginative Erkenntnis 46

Okkulte Schrift 49

Stein der Weisen...49

Erkenntnis des Mikrokosmos 50

Aufgehen in den Makrokosmos.........................50

Die Erreichung der Gottseligkeit.......................50

12-Monats-Plan – „Einstieg in den Yoga-Weg" 52

1. Monat 53

2. Monat 53

3. Monat 54

4. Monat 55

5. Monat 55

6. Monat 57

7. Monat 57

8. Monat 57

9. Monat 58

10. Monat 58

11. Monat 59

12. Monat 59

8-Monats-Plan „Einstieg in den Rosenkreuzer-Weg"
....61

1. Monat 61

2. Monat 62

3. Monat 63

4. Monat 63

5. Monat 64

6. Monat 65

7. Monat 66

8. Monat 67

Literaturverzeichnis 69

Was erwartet Sie in diesem Buch?

Dieses Buch soll Ihnen alle nötigen Informationen geben, wenn Sie neu auf dem Gebiet der Anthroposophie sind und sich einen ersten, umfassenden Überblick verschaffen möchten. Die ersten Kapitel werden Ihnen dabei die theoretischen Grundlagen der Anthroposophie näherbringen. Es wird erklärt, was Anthroposophie eigentlich ist, wie sie sich zu anderen Wissenschaften abgrenzt und was das Besondere an ihr ist. Weiterhin werden einige der Bereiche betrachtet, in welchen Anthroposophie bereits in unserer Gesellschaft verankert ist. Dazu gehören die Waldorfpädagogik, die anthroposophische Medizin und die anthroposophische Naturkosmetik. Nach dieser theoretischen Einführung wird im Hauptteil des Buches erläutert, wie man die Anthroposophie praktisch in sein Leben integrieren und verschiedene Nutzen daraus ziehen kann. Es werden verschiedene Übungen mit praktischen Beispielen erklärt und außerdem die drei klassischen Wege vorgestellt, welche in der Anthroposophie zur höheren Erkenntnis führen: der Yoga-Schulungsweg, der christliche Schulungsweg und der Rosenkreuzer-Schulungsweg. Ihnen werden dabei die einzelnen Schritte der Wege im Detail erläutert. Im letzten Teil des Buches werden Ihnen ein 12-Monats-Plan zum Einstieg in den Yoga-Schulungsweg sowie ein 8-Monats-Plan zum Einstieg in den Rosenkreuzer-Schulungsweg vorgestellt, anhand derer Sie sich bei Ihrem Einstieg in die praktische Anthroposophie orientieren können. Beide Pläne können dabei mit wenig Zeitaufwand neben Beruf, Studium oder anderen Alltagsverpflichtungen ausgeführt werden.

Nach der Lektüre dieses Buch haben Sie also ein

Basiswissen in verschiedenen theoretischen und praktischen Bereichen der Anthroposophie sowie die Möglichkeit, mithilfe einem der beiden Pläne die Anthroposophie sofort aktiv in Ihr Leben zu integrieren.

Anthroposophie zwischen Wissenschaft und Mystik

„Anthroposophie ist ein Erkenntnisweg, der das Geistige im Menschenwesen zum Geistigen im Weltenall führen möchte."

(Steiner, Anthroposophische Leitsätze, 1924)

Die Anthroposophie, welche von Rudolf Steiner (1861-1925) begründet wurde, ist eine spirituelle Weltanschauung oder, wie Steiner sagen würde, eine Geisteswissenschaft, welche sich mit der naturwissenschaftlichen Beantwortung spiritueller Fragen beschäftigt. Das bedeutet, dass das Innere, also der Geist oder die Seele des

Menschen, welches sich nicht durch die Sinne erfassen lässt, trotzdem mit naturwissenschaftlichem Blick empirisch erforscht werden soll. Eine Befassung mit Spiritualität also, welche sich von Glauben und Dogma löst und sich auf beweisbare Fakten stützt. Die Anthroposophie stellt somit also eine Verbindung zwischen den Wissenschaften, welche sich bis jetzt nur mit dem sinnlich erfassbaren Menschen beschäftigt haben (z. B. Anthropologie, Medizin oder Psychologie), und der Mystik, welcher die wissenschaftliche Grundlage fehlt, dar. Der Begriff „Anthroposophie" selbst stammt dabei nicht von Steiner, sondern wurde bereits in der frühen Neuzeit verwendet. Er setzt sich zusammen aus den altgriechischen Worten ánthrōpos (Mensch) und σοφία (Weisheit) und lässt sich somit als *die Weisheit vom Menschen* übersetzen. Heute versteht man unter Anthroposophie aber nur noch den von Steiner begründeten Erkenntnisweg, den er auch als Geisteswissenschaft oder Geheimwissenschaft bezeichnet, da es sich um die Erforschung des Geistigen, also dessen, was den Sinnen verborgen und somit im *Geheimen* liegt, handelt.

Ziel dieses Weges ist es, dass das Individuum

durch aktive Bewusstseinsschulung in der Lage ist, die geistige Welt wissenschaftlich zu erforschen. Dadurch bekommt der Mensch aber nicht nur Erkenntnisse über sich selbst, sondern auch über die Umwelt, welche nach Steiner untrennbar mit dem geistigen Individuum verbunden ist. Hier liegt die Annahme zugrunde, dass die Realität keine abgeschlossene Wirklichkeit ist, welche wir durch unsere Sinne wahrnehmen können, sondern dass der Mensch mit seinem Bewusstsein die Außenwelt vielmehr aktiv mitgestaltet. „Also, die wirklichen Realitäten der Welt sind Wesen in den verschiedenen Bewußtseinszuständen" (Steiner, Rudolf Steiner Gesamtausgabe Vorträge, 1992), sagt Steiner in einem Vortrag, den er vor Mitgliedern der anthroposophischen Gesellschaft hält. Diese Bewusstseinszustände kann auch der Mensch verstehen und durch Übungen Einblick in sie erhalten, wodurch ein tieferes Weltverständnis ermöglicht wird. In der Anthroposophie bedeutet Selbsterkenntnis also immer auch Welterkenntnis. Man kann das Weltgeschehen verstehen und durchdringen, indem man sich ganz auf sich selbst besinnt.

Anthroposophie als Wissenschaft im Wandel

Ein entscheidender Punkt für das Verständnis von Anthroposophie ist die Individualität. Es ist nicht das Ziel, Dogmen und Merksätze auszuarbeiten, welche immer und für jeden Menschen gültig sind. Bei der Erforschung der geistigen Welt gilt es, sowohl die Individualität des Menschen als auch die individuellen Umstände der Zeit zu beachten. Die Gesellschaft ist, wie jeder einzelne

Mensch oder, noch genereller ausgedrückt, wie jeder lebendige Organismus ständig im Wandel. Die geistige Welt als Schnittstelle zwischen Menschen und Universum kann also ebenfalls nicht als statisches Gebilde begriffen werden.

> *„Indem Anthroposophie heute vor die Welt hintritt, weiß sie, daß nach Jahrhunderten dasjenige, was sie heute sagt, in ganz anderer Form für ganz andere Menschheitsbedürfnisse und ganz andere Menschheitsinteressen wird gesagt werden müssen, daß sie nicht «absolute Wahrheiten» anstreben kann, sondern daß sie in lebendiger Entwicklung ist"*
> *(Steiner, Rudolf Steiner Gesamtausgabe Vorträge, 1992).*

Eine Wissenschaft also, die, wie ihr Gegenstand – also Mensch und Universum – selbst auch lebendig ist. Steiner selbst hatte Angst, dass seine Ausarbeitungen als dogmatische Lehrsätze betrachtet werden könnten. Er wies darauf hin, dass es in der Anthroposophie, anders als bei religiösen oder spirituellen Studien, nicht darum gehe, etwas zu glauben oder unhinterfragt zu akzeptieren, sondern, dass die Erkenntnisse, die jeder Mensch auf seinem Weg erlangt, seine individuellen Erkenntnisse sein müssen. Steiners Schriften sowie andere Veröffentlichungen von Anthroposophen sollen von anderen immer nur dazu genutzt werden, selbst weiter zu denken, zu hinterfragen und zu erforschen. Es ist nicht der Zweck der Anthroposophie, Glaubenssätze zu postulieren. „Es ist nicht nötig, daß man dem Geistesforscher blind glaubt" (Steiner, Rudolf Steiner Gesamtausgabe Vorträge, 1992), sagt Steiner in einem seiner Vorträge im März 1921. Die Idee der Anthroposophie, als einer lebendigen Wissenschaft, ist also nur dann sinnvoll, wenn sie in jeder Zeit von verschiedenen Menschen selbstständig weitergedacht wird.

PRAXISTIPP: Betrachten Sie Aussagen anderer nie als feststehende Wahrheiten, sondern immer als Ansätze zum Weiterdenken, und passen Sie diese an Ihr persönliches Leben an.

Denn nur durch die Bewusstseinsleistung der

Menschen ist es der Geheimwissenschaft möglich, sich immer wieder neu den Anforderungen der Zeit anzupassen. In vielen Bereichen unserer modernen Gesellschaft befinden sich bereits Einflüsse der Anthroposophie, welche im nächsten Kapitel genauer erläutert werden.

Anthroposophische Einflüsse in unserer modernen Gesellschaft

Viele Menschen haben noch nie etwas von Anthroposophie gehört, wohl aber von Waldorfschulen, Naturkosmetik und ökologischer Landwirtschaft. Die folgenden kurzen Kapitel sollen eine Übersicht über einige der Bereiche geben, in denen die Anthroposophie bereits untrennbar mit unserer Lebenswelt verwoben ist. Die

Aufzählung hat dabei keinen Anspruch auf Vollzäh-
ligkeit. Dies gilt insbesondere aufgrund des oben beschriebenen ständigen Wandels, in welchem sich Gesellschaft und Anthroposophie befinden.

WALDORFPÄDAGOGIK

Die Waldorfpädagogik ist der wohl bekannteste
Zweig der Anthroposophie. Um 1920 hat Steiner auf
Grundlage der Anthroposophie ein pädagogisches
Konzept für eine Schule für die Kinder der Angestell-
ten und Arbeiter der Stuttgarter Waldorf-Astoria-Zi-
garettenfabrik ausgearbeitet. 2017 gab es in
Deutschland bereits 561 Waldorfkindergärten
(weltweit waren es 1857) und 237 Waldorfschulen
(weltweit 1092). Der Waldorfpädagogik liegt Steiners anthroposophisches Menschen- und Gesell-
schaftsbild zugrunde. Dieses beschreibt eine Gliede-
rung in drei soziale Grundsätze: die Brüderlichkeit
in der Wirtschaft, die Gleichheit im politischen Leben und die Freiheit der Kultur. Die praktische Um-
setzung dieser drei Grundsätze soll in der Waldorfpädagogik möglich gemacht werden. Weiterhin
beschreibt Steiners anthroposophisches Menschen-
bild eine Dreigliederung des Menschen in Seele,

Geist und Leib sowie eine Viergliederung des Menschen in den physischen Körper, den Ätherleib, den Astralleib und das Ich.

Ätherleib

Nicht nur der Mensch, auch Tiere und Pflanzen haben einen Ätherleib. Er wird auch elementarischer Leib oder Zeitleib genannt und ist hauptsächlich für die Metamorphose, also die zyklische Formverwandlung, der Lebewesen zuständig. Ein Zyklus beträgt dabei sieben Jahre.

Astralleib

Im Astralleib befindet sich das (geistige) Bewusstsein des Menschen. Gefühle, Lust, Leidenschaften, Instinkte, selbst die sinnliche Wahrnehmung werden durch den Astralleib ermöglicht. Deshalb wird er auch Empfindungsleib genannt.

Das Ich

Das Ich ist der Sitz des Selbstbewusstseins und wird auch als göttlicher Funke im Menschen bezeichnet. Es ist der geistige Kern des Menschen, welcher unsterblich ist.

Mit welchen Übungen Sie die einzelnen Wesensglieder erfahrbar machen können, erfahren Sie im Kapitel „Anthroposophie in der Praxis"!

In der Praxis der Waldorfpädagogik macht sich der Bezug auf diese Theorie dadurch bemerkbar, dass die Kinder gleichberechtigt in den Bereichen Denken, Fühlen und Wollen geschult werden und dass außerdem der sieben-Jahres-Zyklus bei der Entwicklung eines Kindes berücksichtigt wird. Diese Lebensabschnitte werden „Jahrsiebte" oder „Siebenjahresperioden" genannt. Es ist wichtig, zu beachten, dass diese Angabe natürlich nicht als exakt zu betrachten ist. In der Anthroposophie wird der Mensch im Einklang mit der Natur als das natürliche, lebendige Wesen, welches er ist, betrachtet, deshalb ist es selbstverständlich, dass die Jahrsiebte bei dem einen Menschen länger und bei dem anderen kürzer andauern und nicht immer exakt sieben Jahre betragen. Grobe Eckpunkte, an welchen die Zykluswechsel bei Kindern festgestellt werden können, sind z. B. der Zahnwechsel am Ende der ersten Periode und die Geschlechtsreife am Ende der zweiten. Aber auch hier gilt es, nie die oben beschriebene Individualität zu vergessen, welche einen grundlegenden Aspekt der Anthroposophie ausmacht. In der Waldorfpäda-gogik wird aufgrund dieser Einteilung angenommen, dass die Kinder im ersten Jahrsiebt schlicht nachahmen, wie die Erwachsenen sich verhalten, während sie im zweiten nach der Autorität der erziehenden Person verlangen. Im dritten Jahrsiebt entwickelt sich die Persönlichkeit und Eigenständigkeit vollends, da sich hier das Ich entwickelt. Diese Unterschiede werden in der Praxis der Waldorfpädagogik beherzigt, um die Kinder bestmöglich fördern zu können. Somit soll sich also bei der Bildung am Wesen der Menschen statt an Erscheinungen wie der Konsum- und Leistungsgesellschaft orientiert werden. Diesem Ansatz folgend gibt es also statt Noten eine möglichst detaillierte, individuelle Beschreibung des Verhaltens und der Potentiale der Schüler*innen und Sitzenbleiben ist gar nicht möglich.

Wussten Sie schon?

2007 ergab eine großangelegte Studie von Heiner Barz, dass Schüler*innen von Waldorfschulen mehr Freude am Lernen, weniger Stress in der Schule, mehr Selbstbewusstsein und weniger Gesundheitsprobleme haben.

MEDIZIN

Auch bei der anthroposophischen Medizin kommt die bereits erwähnte Dreiteilung des Menschen in Körper, Seele und Geist zum Tragen. Es geht hier besonders darum, sich bei der Therapie nicht nur auf den Körper zu konzentrieren, sondern dem ganzen Menschen zu helfen. Die Seele und der Geist sollen also bei der Behandlung nicht außen vor gelassen werden. Die anthroposophische Medizin ist eine Komplementärmedizin. Das bedeutet, sie versteht sich nicht als Konkurrenz oder Alternative zur Schulmedizin, sondern als sinnvolle Ergänzung. Es geht zum Beispiel nicht allein darum, die Symptome zu lindern, sondern auch darum, dem Menschen zu helfen, besser mit der Krankheit umzugehen und den gesamten Organismus zu stärken. In der Theorie sind auch wieder die vier Wesensglieder des Menschen von Bedeutung. Es wird angenommen, dass eine Krankheit dann entsteht, wenn diese vier Glieder nicht wie gewohnt miteinander agieren können, wenn also ihre Wechselwirkungen im Ungleichgewicht sind. In der anthroposophischen Medizin werden nun zum einen ausgewählte Wirkstoffe verabreicht, welche eine ähnliche Entstehungsgeschichte wie die Krankheit selbst aufweisen (das Therapie-konzept ist also der Homöopathie entgegengesetzt, welche Wirkstoffe verabreicht, die ähnliche Krank-heitssymptome bedingen). Ergänzend dazu gibt es eine Reihe an nicht-medikamentösen Heilverfahren, wie zum Beispiel die Kunsttherapie, die Heileuryth-mie und die rhythmische Massage.

Kunsttherapie

Malen, Zeichnen, Fotografieren oder verschiedene Arten bildender Kunst helfen dabei, innere Prozesse der geistigen Welt zu verbildlichen. So können bei-spielsweise verdrängte Erinnerungen zurückgeholt oder Traumata bewältigt werden.

Heileurythmie

Diese Form der Bewegungstherapie zielt darauf ab, durch bestimmte Bewegungen physiologische Pro-zesse im Körper anzuregen.

Massagen

Besonders die rhythmische Massage – begründet von Ita Wegeman (1876 - 1943) –, welche sich in ih-rem Rhythmus dem Herzschlag und der Atmung der Patienten anpasst, soll die Selbstheilungskräfte des Körpers aktivieren.

NATURKOSMETIK

Mittlerweile haben sich aus dem Feld der anthroposophischen Medizin einige Naturkosmetikmarken entwickelt. Rudolf Steiner und Ita Wegeman haben sogar selbst eine gegründet. Das Augenmerk liegt auch hier auf der Ganzheitlichkeit. So geht es den Firmen darum, Kosmetikprodukte anzubieten, welche in Einklang mit Mensch und Natur stehen und somit auch unter fairen Bedingungen für Menschen und Umwelt entstehen. Die Inhaltsstoffe sind dabei häufig von den Wirkstoffen anthroposophischer Medikamente inspiriert. Es steht also mehr Anthroposophie im Drogerieregal, als man auf den ersten Blick annehmen könnte.

Anthroposophie in der Praxis

Rudolf Steiner hat in seinem Werk auch vielfältige Übungen hinterlassen, welche dem Menschen dabei helfen können, die geistige Welt zu erkennen und zu erforschen Dabei gibt es verschiedenen Seelenübungen (auch Hauptübungen genannt), welche, begleitet von Nebenübungen und unter Beachtung verschiedener Regeln, auszuführen sind. Diese werden im Folgenden erläutert. Es gibt weiterhin drei verschiedene Schulungswege, welche wieder der Dreigliederung des Menschen in Körper,

Geist und Seele entsprechen. Jede*r Geistesschüler*in soll sich dabei den Weg aussuchen, welcher ihm*ihr am meisten entspricht. Die einzelnen Wege werden im Anschluss an die Übungen genauer beschrieben.

DIE GOLDENE REGEL

Egal, welcher Weg gewählt wird, im Folgenden finden Sie eine Beschreibung der Seelenübungen, welche bei jeder Art der Geistesschulung gleichsam ausgeführt werden müssen. Diese Seelenübungen müssen allerdings immer von weiteren Übungen und Regeln begleitet werden, welche nun zuerst vorgestellt werden.

Bei jeder Form der Geistesschulung muss zwingend die goldene Regel befolgt werden.

„Und diese goldene Regel ist: wenn du einen Schritt vorwärts zu machen versuchst in der Erkenntnis geheimer Wahrheiten, so mache zugleich drei vorwärts in der Vervollkommnung deines Charakters zum Guten."
(Steiner, Gesamtausgabe Schriften, 1961)

Es ist notwendig, diese Regel zu beachten, da bei der Schulung des Geistes nicht nur die positiven, sondern auch die negativen Seelenkräfte verstärkt werden. Somit ist es möglich, dass kleinste negative Neigungen in einem Charakter vergrößert werden und nach außen treten. Steiner selbst berichtet von Kassierern, die das Geld stahlen, und das vermehrte Auftreten unerklärlicher Streitsucht.

DIE SECHS NEBENÜBUNGEN

Die sechs Nebenübungen sind obligatorisch für jede Art von Geistesschulung, also auch für jeden Erkenntnisweg der Anthroposophie, denn sie müssen zwingend die Seelenübungen begleiten. Der Name der sechs Übungen, welche auch die sechs Tugenden genannt werden, darf also nicht zu der Annahme verleiten, es handele sich um *neben*sächliche Übungen. Vielmehr ist das Gegenteil der Fall. Die Übungen haben alle das Ziel, die folgenden sechs Eigenschaften auszubilden und zu perfektionieren. Dabei gibt es für jede Eigenschaft verschiedene Wege, sie einzuüben.

Gedankenkontrolle

Bei der Gedankenkontrolle geht es in erster Linie darum, den Gedanken nicht freien Lauf zu lassen, sondern sie ganz bewusst auf eine einzige Sache zu lenken, ohne sich ablenken zu lassen. Die Übung sollte mindestens einmal am Tag ausgeführt werden, wobei es konkret so aussieht, dass man sich einen Gedanken aussucht und versucht, ihn so lange wie möglich festzuhalten. Bei diesem Gedanken kann es sich um ein Wort oder ein Mantra, einen Gegenstand oder selbst einen Geruch handeln. Steiner zufolge ist die Übung sogar dann am wirkungsvollsten, wenn der Gedanke möglichst uninteressant ist. Sie können sich also z. B. einen Alltagsgegenstand zur Hilfe nehmen.

Variante A

Sehen Sie sich um. Suchen Sie sich einen alltäglichen Gegenstand aus Ihrer direkten Umgebung aus und konzentrieren Sie Ihre gesamte Wahrnehmung nur auf diesen Gegenstand. Versuchen Sie, ihn so genau wie möglich, in all seinen Details, zu erfassen. Wenn Sie ihn sich eingeprägt haben, schließen Sie die Augen und erschaffen ihn in Ihrem Geiste neu. Wie sieht er aus? Welche Farben, Farbverläufe und Schattierungen haben Sie festgestellt? Wie würde er sich anfühlen, wenn Sie ihn jetzt anfassen würden? Versuchen Sie nun, jeden Tag für eine bestimmte Zeitspanne Ihre Gedanken auf den von Ihnen ausgewählten Gegenstand zu konzentrieren, auch, wenn er nicht in der Nähe ist!

Variante B

Denken Sie sich ein Wort oder ein Mantra aus. Dieses Wort beziehungsweise dieser Satz muss nicht zwangsläufig eine besondere Bedeutung für Sie haben. Gehen Sie jetzt so vor, wie bereits in Variante A beschrieben. Konzentrieren Sie sich ausschließlich auf dieses Wort oder Ihr Mantra und lassen Sie Ihre Gedanken so lange wie möglich nicht abschweifen.

Halten Sie den Gedanken solange fest, wie Sie können. Wenn Sie die Übung beenden wollen oder zu abgelenkt sind, dann konzentrieren Sie sich für einen Moment auf die Mitte Ihres Rückens und verbinden Sie geistig die körperliche Stärke, welche von dort ausgeht mit der geistigen Stärke, die Sie soeben trainiert haben. Wiederholen Sie diese Übung jeden Tag für mindestens einen Monat. Es gibt viele weitere Variationsmöglichkeiten. Sie können sich zum Beispiel jeden Tag einen neuen Gedanken vornehmen oder Sie fordern sich heraus, 30 Tage lang an demselben Gedanken festzuhalten.

Durch die Übung wird der Geist von allen unbewusst ablaufenden Prozessen abgehalten. Das Training hilft zum einen dabei, sichtbar zu machen, wie viele Gedanken uns ständig durch den Kopf gehen, und es bewirkt auf der anderen Seite, dass, durch die Minimierung der geistigen Prozesse, das Bewusstsein für den physischen Körper gestärkt wird. Deshalb soll auch jede Übungseinheit mit der Konzentration auf den Leib beendet werden.

Initiative des Handelns
Bei der Initiative des Handelns ist es zuerst einmal wichtig, sich darüber klar zu werden, wie viele unserer Handlungen ihren Ursprung überhaupt nicht in uns selbst haben. Vieles tun wir, weil wir es unhinterfragt reproduzieren oder weil andere es von uns erwarten. Um die Willenskraft und die Persönlichkeit (und damit das Ich) zu stärken, soll es in dieser Übung darum gehen, sich selbst eine Pflicht aufzuerlegen, zu der einen nichts zwingt, außer die eigene Willenskraft.

Suchen Sie sich eine Handlung aus, die sich jeden Tag wiederholen lässt. Kaufen Sie sich beispielsweise eine Blume und gießen Sie sie – statt wie gewöhnlich einmal in der Woche – jeden Tag mit einer sehr geringen Menge Wasser. Es ist wieder von Vorteil, wenn es sich um eine uninteressante Pflicht handelt. Denn je mehr Sie sich dazu überwinden müssen, die Übung jeden Tag auszuführen, desto mehr wird Ihre Persönlichkeit dadurch gestärkt werden. Auch hier lautet die Empfehlung, die Übung für einen Monat jeden Tag zu wiederholen. Da es entscheidend ist, dass es sich jeden Tag um dieselbe Pflicht handelt, sind die Variationsmöglichkeiten hier nicht so groß wie bei der ersten Übung. Die Pflicht selbst können Sie natürlich frei wählen.

Nach Ablauf des Monats können Sie das Gefühl genießen, etwas allein aus eigenem Antrieb und unabhängig von sozialen Konventionen nur für sich selbst getan zu haben. Dieses selbstbewusste Gefühl lässt sich dann unabhängig von unliebsamen Pflichten in Ihren Alltag integrieren und kann Ihnen so helfen, ein eigenständigeres Leben zu führen.

Steiner empfiehlt, die Übungen nacheinander durchzuführen, also die erste Übung im ersten Monat und die zweite im nächsten. Die Entscheidung dazu bleibt aber letztlich Ihrem individuellen Gefühl überlassen.

Gelassenheit

In dieser dritten Nebenübung, welche also beispielsweise im dritten Monat nach Antreten des Erkenntnisweges praktiziert werden könnte, geht es besonders darum, die eigenen Gefühlsregungen zu kontrollieren. Es geht dabei nicht darum, Gefühle zu unterdrücken und empfindungslos zu werden, sondern vielmehr darum, sich selbst zu mäßigen. Es ist das Ziel, eine generelle innere Ruhe zu verspüren, welche durch Gemütsregungen wie Freude oder Leid nicht aus dem Gleichgewicht gebracht werden kann. Die Freude (ebenso wie das Leid) wird dabei sehr wohl noch wahrgenommen, aber sie beherrscht den*die Geistesschüler*in nicht. Andersherum soll die Seele die Gefühle beherrschen.

Wann immer Sie spüren, dass Sie ein starkes negatives oder positives Gefühl überkommt, versuchen Sie, dieses zu analysieren. Warum fühle ich mich so? Was war der Auslöser? Sind meine Handlungen durch das Gefühl beeinflusst? Habe ich das Gefühl, noch rational urteilen zu können, oder sind meine Urteile emotional? Das Analysieren der Gefühle ist der erste Schritt auf dem Weg, sich nicht mehr von ihnen beherrschen zu lassen. Wenn Sie Ihre Gefühle besser verstehen können, wird es Ihnen leichter fallen, sich von Ihnen nicht aus dem Gleichgewicht bringen zu lassen. Wenn Ihnen diese Übung schwerfällt, versuchen Sie, Ihre Gefühlsregungen zu verbalisieren, und diskutieren Sie sie mit Ihnen nahestehenden Personen. Das kann eine große Hilfe dabei sein, sich seiner Emotionen zuerst bewusst zu werden und sich schließlich nicht mehr von ihnen beherrschen zu lassen. Denken Sie bei dem Austausch mit anderen aber immer daran, dass sich die Gefühle bei jedem sehr individuell ausdrücken. Es geht nur darum, durch das Verbalisieren und Kommunizieren einen besseren Einblick in die eigene Gefühlswelt zu erhalten, und nicht darum, nach Übereinstimmungen mit der Gefühlswelt anderer zu suchen. Das kann schnell frustrierend sein und auf Abwege führen.

Diese Übung hilft dabei, sich dem Astralleib bewusst zu werden. Die innere Ruhe, welche schlussendlich erlangt werden kann, stellt eine Grundvoraussetzung für die gesamte geistige Schulung dar.

Unbefangenheit

Die vierte Nebenübung zielt auf die Unbefangenheit bzw. auf die Positivität ab. Wenn Sie dem klassischen Weg folgen, befinden Sie sich jetzt im vierten Monat der Nebenübungen. Diese Übung ist sehr leicht zu beschreiben, aber nicht ganz so leicht umzusetzen.

Konzentrieren Sie sich bei allem, was Ihnen begegnet, auf das Gute und Schöne! Es geht hier besonders darum, das Positive dort zu entdecken, wo man es nicht erwartet hätte.

Diese Übung hilft dabei, Vorurteile zu überwinden und erlernte Denkmuster aufzubrechen. Außerdem hilft sie langfristig, sich dem Ich stärker bewusst zu werden.

Glaube

Der Begriff Glaube ist zuerst einmal irreführend, da er wenig wissenschaftlich anmutet. Die fünfte Tugend kann auch Unvoreingenommenheit oder Vorurteilslosigkeit genannt werden und ist somit eng mit der vierten Tugend verwandt. Im fünften Monat soll es darum gehen, jede neue Erfahrung vollkommen unbefangen zu machen. Es ist das Ziel der Übung, in jedem Moment aufnahmefähig für neue Wahrheiten zu sein und die Gesetze, welche sich aus den bisherigen Erfahrungen ableiten lassen, nicht als bindend anzusehen. Steiner gebraucht in diesem Zusammenhang das Beispiel eines Kirchturms. Wenn Ihnen am Morgen jemand mitteilt, der Kirchturm stehe seit dieser Nacht um 45 Grad gedreht, dann sollten Sie nicht mit einem intuitiven „Das glaube ich nicht!" reagieren, sondern stattdessen offen für eine mögliche Erklärung sein. Das Wort Glaube ist also in diesem Zusammenhang so zu verstehen, dass es um die Bereitschaft geht, in jedem Moment etwas Neues, Unvorstellbares zu glauben. Auch hier gilt natürlich wieder der Grundsatz, nichts unhinterfragt zu übernehmen. Aber die Bereitschaft, etwas Neues (Unglaubwürdiges) zu lernen, muss bei allen Menschen geschult werden, welche die geistige Welt erforschen möchten.

Diese Übung ist etwas schwieriger umzusetzen, da es kaum möglich ist, konkrete Anweisungen dazu zu geben. Natürlich sollten Sie in Ihrem täglichen Leben verstärkt darauf achten, wann Sie Dinge intuitiv ablehnen, und gewissenhaft überprüfen, ob diese Ablehnung gerechtfertigt ist. Zusätzlich ist es empfehlenswert, sich bewusst in Bereiche vorzuwagen, welche Sie früher immer ablehnten, und diese

Ablehnung mit den neu gewonnen Kenntnissen aus der vierten Übung noch einmal neu zu evaluieren. Es gilt: Seien Sie offen, aber bleiben Sie kritisch.

Inneres Gleichgewicht

Die letzte Tugend ist inneres Gleichgewicht und sie ist gewissermaßen eine Verbindung der vorhergegangenen fünf Übungen. So soll man im sechsten Monat also auch alle fünf Übungen abwechselnd immer wieder durchführen. Auch hier gilt es, die Übung den individuellen Bedürfnissen anzupassen. Vielleicht fiel Ihnen eine Übung besonders leicht, während Sie das Gefühl verspüren, eine andere noch weiter vertiefen zu müssen.

Erstellen Sie sich einen schriftlichen Übungsplan, in welchem sie genau festhalten, welcher Übung Sie sich wann widmen wollen. Aber haben Sie keine Angst, den Plan zu überarbeiten, wenn Sie merken sollten, dass sie sich verkalkuliert haben. Üben Sie solange weiter, bis Sie Ihre Seele mehr und mehr ins Gleichgewicht geraten spüren.

DIE VIER NEBENREGELN

Neben den sechs Tugenden und der goldenen Regeln gilt es, sich die folgenden vier Regeln zu verinnerlichen.

Erste Regel: „Es soll in mein Bewußtsein keine ungeprüfte Vorstellung eingelassen werden."

Es gibt viele Dinge in unseren Gedanken, die wir aufgrund von Erziehung, Lebenslage oder Gewohnheit als wahr erachten, ohne sie selbst je kritisch geprüft zu haben. Bei der Befolgung dieser Regel soll es nicht darum gehen, alles, was nicht aus eigenem Antrieb in mir entstanden ist, kategorisch abzulehnen, sondern darum, ein Bewusstsein dafür zu erlangen und auch Vorstellungen, die schon lange Zeit in meinem Geist verankert sind, kritisch zu hinterfragen.

Zweite Regel: „Es soll die lebendige Verpflichtung vor meiner Seele stehen, die Summe meiner Vorstellungen fortwährend zu vermehren."

Sie sollten den Drang verspüren, Ihr Wissen und Ihr Verständnis ständig zu erweitern, und niemals aufhören, zu forschen. Steiner stellt klar, dass das Studium der Anthroposophie nur für diejenigen Menschen geeignet ist, auf welche diese Anforderung zutrifft.

Dritte Regel: „Mir wird nur Erkenntnis über diejenigen Dinge, deren Ja und Nein gegenüber ich weder Sympathie noch Antipathie habe."

Bei jeder Art von Wissenschaft beeinflusst die Frage, die man stellt, das Ergebnis, welches man bekommt. Bei der Erforschung der geistigen Welt ist es daher umso wichtiger, dass sich der*die Geistesschüler*in kein bestimmtes Ergebnis wünscht. Denn dieser von Emotionen geleitete Wunsch wird die Sicht auf die Dinge unweigerlich beeinflussen und somit auch das Ergebnis.

Vierte Regel: „Es obliegt mir, die Scheu vor dem sogenannten Abstrakten zu überwinden."

Bei der Erforschung der geistigen Welt ist es zwingend notwendig, dass Sie bereit sind, sich von der sinnlich erfassbaren Welt zu lösen und Fakten nicht nur in ihr zu suchen. Der Erfolg hängt von der geistigen Bereitschaft ab, sich in neue und ungewohnte Felder zu begeben und Dinge anders wahrzunehmen als mit den körperlichen Sinnen.

DIE SEELENÜBUNGEN

Die Seelenübungen, welche auch als Hauptübungen bezeichnet werden, machen einen großen Teil des Erkenntnisweges aus. Als Seelenübung werden dabei durch die Nebenübung vorbereitete und unter Einhaltung der Regeln durchgeführte Meditationen bezeichnet. Diese Meditation soll dabei einfach in den Alltag integriert werden, also neben Beruf, Studium oder sonstigen Verpflichtungen ausgeführt werden. Es wird empfohlen, sie jeden Tag zur selben Zeit auszuführen. Die Übung nimmt auch nur wenige Minuten in Anspruch. Bei der Seelenmeditation geht es darum, sich ganz auf eine bestimmte sinnbildliche Vorstellung zu konzentrieren. Alternativ ist auch ein Wort oder Satz, eine mathematische Vorstellung oder eine Empfindung als Meditationsinhalt geeignet.

Sinnbildliche Vorstellung
Symbole, die so mehrdeutig wie möglich sein sollen. Es geht nicht darum, was das Symbol bedeutet, sondern mehr darum, wie es während der Meditation in der Seele erlebt wird.

Mathematische Vorstellung
Ein häufig genanntes Beispiel ist die Cassinische Kurve.

Worte oder Sätze
Hier können Sie sich ein Wort oder Mantra frei wählen, über welchem Sie meditieren wollen.

Die Meditation verläuft dabei sehr individuell und die Veränderungen, welche sich dabei in der Seele beobachten lassen, werden bei jedem Menschen anders verlaufen. Wichtig ist es, dass Sie sich selbst durchgehend kritisch beobachten, um so auch kleinste Veränderungen feststellen zu können.

Es ist wichtig, eine **Tagesrückschau** in den Alltag zu integrieren, um den eigenen Fortschritt präziser wahrnehmen zu können. Nehmen Sie sich jeden Abend einige Minuten Zeit, um den vergangenen Tag in umgekehrter zeitlicher Reihenfolge zu visualisieren. Betrachten Sie die Ereignisse, Ihre Handlungen und Ihre Gefühle dabei mit so viel Abstand wie möglich – so, wie eine dritte, unbeteiligte Person sie betrachten würde. Diese Übung ist generell bedeutend für die Aufnahmefähigkeit subtiler Fortschritte auf Ihrem geistigen Weg und weiterhin ist das

Rückwärtsdenken nach Steiner besonders hilfreich für das generelle Einleben in die geistige Welt.

DER YOGA-SCHULUNGSWEG (DENKEN)

Da bei diesem Weg das Denken im Mittelpunkt steht, ist es zuerst einmal wichtig, das spirituelle Yoga vom körperlichen abzugrenzen. Bei der hier beschriebenen Art von Yoga geht es um geistige und nicht so sehr um körperliche Betätigung. Der Yoga-Schulungsweg beinhaltet 8 Stufen, welche im Folgenden näher erläutert werden. Rudolf Steiner riet zu seiner Zeit europäischen Menschen ab, diesen Weg zu gehen, da für sie meistens der Rosenkreuzer-Schulungsweg besser geeignet wäre. Man muss bei dieser These allerdings beachten, dass es sich bei der Anthroposophie um eine lebendige Wissenschaft handelt, welche ständig darauf bedacht ist, sich der Gesellschaft anzupassen. Steiners Empfehlung muss deshalb zwingend historisch kontextualisiert werden und darf keinesfalls als allgemeingültig aufgefasst werden.

Yama

Das Yama, welches die erste Stufe des Yoga-Schulungsweges ausmacht, beinhaltet fünf Verhaltensregeln, welche von jedem Menschen, der sich für diesen Weg entscheidet, verinnerlicht werden müssen.

Ashima:

Das Wort Ashima lässt sich aus dem Sanskrit mit „nicht-Gewalt" übersetzen. Diese Regel gebietet es, sowohl Gewalt in den Taten als auch negative Gedanken und Worte über andere Menschen zu vermeiden. Da das Töten von Tieren somit zum Tabu wird, ist ein vegetarischer Lebensstil erforderlich. Diese Regel gebietet allerdings keinen übertriebenen Pazifismus: Selbstverteidigung ist in jeder Situation, in der es nötig ist, erlaubt!

Satya:

Satya lässt sich mit „Wahrheit" übersetzen. Auch hier bezieht sich die Verhaltensregel wieder auf Taten, Gedanken und Worte. Diese Regel gebietet es, immer ehrlich zu sein, wahrhaftig zu handeln und auch, sich selbst nicht zu belügen.

Asteya:

Das Wort Asteya bedeutet das Gegenteil von „Diebstahl". Diese Regel gebietet also einfach, nichts zu stehlen. Es ist wichtig, zu beachten, dass sich dieses Verbot nicht nur auf materiellen Besitz, sondern auch auf immateriellen bezieht. Das Spektrum reicht also vom Verbot, Plagiat zu begehen, bis zum Gebot, ein Geheimnis nicht weiter zu erzählen.

Brahmacharya:

Dieses Wort lässt sich aus dem Sanskrit mit „die Bewegung zum Wesentlichen" übersetzen. Diese Regel besagt, dass jeder Mensch, der sich für den Yoga-Schulungsweg entscheidet, sein ganzes Leben (also auch seine zwischenmenschlichen Beziehungen) so ausrichten soll, dass sie dem Erkenntnisweg dienen. Es geht darum, nicht die geistige Schulung aus den Augen zu verlieren und sich nicht von Umständen ablenken zu lassen, die dieser nicht zuträglich sind.

Aparigraha:

Aparigraha lässt sich mit „nicht-zugreifen" übersetzen. Diese letzte Verhaltensregel gebietet es, nicht gierig zu sein, niemanden auszunutzen und auch bei der Annahme von Geschenken Mäßigung walten zu lassen. Es geht weiterhin darum, sich nicht opportunistisch zu verhalten, sondern immer das langfristige Ziel im Auge zu behalten.

Wenn der*die Geistesschüler*in diese fünf Verhaltensregeln langfristig in sein*ihr Leben integrieren konnte, dann wurde die erste Stufe des Yoga-Schulungsweges erfolgreich abgeschlossen.

Niyama

Die zweite Stufe des Weges beschreibt fünf weitere Verhaltensregeln. Während es in der ersten Stufe besonders um explizite Verbote ging (nicht töten, nicht stehlen usw.), geht es in der zweiten Stufe eher um die Erlernung und Einhaltung religiöser Gebräuche zur Schärfung des geistigen Bewusstseins.

Shauca:

Das Wort Shauca lässt sich aus dem Sanskrit mit „Reinheit" übersetzen. Die Regel unterscheidet dabei innere und äußere Reinheit. Während sich die äußere Reinheit einfach auf körperliche Hygiene bezieht, meint die Innere die Klarheit des Geistes. Diese wird durch verschiedene Konzentrations- und Atemübungen erlangt.

Ein Beispiel für die innere Reinigung: Setzen Sie sich entspannt hin und stellen Sie in ein bis fünf Metern Entfernung eine entzündete Kerze auf. Konzentrieren Sie sich auf die Kerze, schließen Sie dann Ihre Augen und konzentrieren Sie sich ganz auf das

Nachbild. Wiederholen Sie diese Übung bis zu fünf Mal. Durch das sogenannte Kerzenstarren sollen die Augen gereinigt werden.

Samtosha:

Samtosha lässt sich mit „Bescheidenheit" übersetzen. Diese Regel besagt im Grunde, dass man die Dinge so annehmen soll, wie sie sind; dass man keine zu hohen Erwartungen haben und dementsprechend auch nicht enttäuscht sein soll, wenn etwas anders kommt, als es vielleicht geplant war.

Tapas:

Das Wort Tapas kann sinngemäß mit „den Körper erhitzen" übersetzt werden. Diese Verhaltensregel bezieht sich auf körperliche Fitness. Es geht darum, sich in Ausdauer und Disziplin zu üben und den Körper in regelmäßigen Abständen durch sportliche Betätigung zu erhitzen.

Svadhyaya:

Das Wort Svadhyaya lässt sich aus dem Sanskrit mit „Selbsterforschung" übersetzen. Die vierte Regel bezieht sich dabei besonders auf die Selbstreflexion. Sie gebietet, die eigenen Taten und Gedanken ständig kritisch zu hinterfragen.

Ishvarapranidhana:

In der letzten Verhaltensregel der zweiten Stufe des Yoga-Schulungsweges geht es um Gottvertrauen. Es geht darum, bereit zu sein, nachdem man sein Bestes getan hat, den restlichen Verlauf Gott anzuvertrauen.

Asanam

In der dritten Stufe des Yoga-Schulungsweges geht es nun um physische Übungen. Asanas sind statische Yogaübungen, welche besonders dazu dienen, innere Ruhe zu finden. Es gibt unzählige, verschiedene Yogahaltungen – manchen Quellen zu Folge sind es über 80.000 –, deshalb können hier nicht alle aufgezählt werden.

Nehmen Sie sich 10-30 Minuten am Tag Zeit, um verschiedene Yogastellungen auszuprobieren. Mit der Zeit werden Sie herausfinden, welche Ihnen am besten dabei helfen können, die innere Ruhe zu erlangen. Einige Beispiele sind der Baum, die Kobra, der herabschauende Hund und unzählige andere.

Pranayama

In der vierten Stufe des Yoga-Schulungsweges beschäftigen Sie sich mit Atemübungen. Steiners Idee hinter diesen Atemübungen ist es, die Atmung des

Menschen so zu beeinflussen, dass immer weniger schädliches Kohlenstoffdioxid ausgeatmet wird. Aber auch Konzentration und innere Ruhe lassen sich durch verschiedene Atemübungen verstärken.

Beispielübung: Eine Möglichkeit, Körper und Geist durch Atemübungen zu verbinden, besteht in der Wechselatmung. Bei der Wechselatmung setzen Sie sich mit geradem Rücken auf eine nicht zu weiche Unterlage. Am besten befinden Sie sich während der Übung im Schneidersitz. Heben Sie die rechte Hand und beugen Sie Ihren Zeige- und Mittelfinger. Der Daumen, der Ringfinger und der kleine Finger bleiben ausgestreckt. Schließen Sie nun die Augen. Schließen Sie mit dem rechten Daumen Ihr rechtes Nasenloch und legen Sie Ihren Ringfinger auf den linken Nasenflügel auf, ohne die Atmung durch das linke Nasenloch zu behindern. Atmen Sie durch das linke Nasenloch ein und halten Sie die Luft für einige Sekunden in Ihren Lungen. Öffnen Sie dann das rechte Nasenloch, schließen Sie das linke und lassen Sie die eingehaltene Luft durch das nun offene, rechte Nasenloch herausströmen. Wiederholen Sie den Vorgang nun umgekehrt und wechseln Sie dann solange weiter, wie Sie möchten. Einatmen, Halten und Ausatmen sollten dabei im

*Verhältnis 2:8:4 zueinanderstehen. Sie können die
Übung jederzeit ausführen, wichtig ist nur eine ge-
wisse Regelmäßigkeit, z. B. jeden Morgen nach dem
Aufstehen.*

Auch bei den Atemübungen gibt es viele verschiedene Ansätze und Variationen. Mit der Zeit
werden Sie auf immer neue Übungen stoßen und Sie
werden schnell merken, welche Ihnen guttun, und
diese Übungen dann in Ihre tägliche Routine integrieren.

Pratyahara

In der fünften der acht Stufen des Yoga-Schulungsweges geht es um die Einschränkung der körperlichen Sinne. Die körperlichen Wahrnehmungen wie
das Sehen, Hören, Riechen usw. sollen bewusst aus-
geblendet werden, um eine Ausrichtung auf das In-
nenleben möglich zu machen. Durch das Beherrschen der Sinne wird außerdem erlernt, sich von
Ihnen nicht einschränken und aus der inneren Ruhe
bringen zu lassen. Es geht bei dieser Art der Diszipli-
nierung allerdings nicht darum, langfristig weniger
durch die Sinne wahrzunehmen. Ganz im Gegenteil
wird es durch die bewusste Restriktion möglich,
auch Feinheiten wahrzunehmen, welche sonst in der

unübersehbaren Masse der Sinneseindrücke unter-
gehen.

*Diese Stufe kann z. B. durch die regelmäßige
Praktizierung der ersten Nebenübung erreicht werden, welche oben ausführlich beschrieben wurde.*

Dharana

Die sechste Stufe ist die Fortführung der fünften.
Jetzt muss der*die Schüler*in in der Lage sein, die
Sinneseindrücke aktiv auszuschalten. Hilfsmittel
dazu sind z. B. die Konzentration auf einen Punkt im
eigenen Körper oder die Wiederholung eines Mant-
ras. Diese Stufe völliger Abgeschlossenheit der äuße-
ren Welt soll durch reine Willenskraft erreicht werden. Nicht nur die Kontrolle über die Sinne ist hier
entscheidend, sondern gleichsam die Kontrolle der
Gedanken. Im Zustand des Dharana geht es nicht darum, sich einem Gedankenfluss hinzugeben, sondern
darum, die Gedanken aktiv zu kontrollieren und
selbst Herr*in über sie zu sein.

Dhyana

Die nächste Stufe ist wiederum eine Fortführung der
vorangegangenen. Hier geht es um die völlige Ver-
senkung in einen geistigen Zustand. Die Person ist
jetzt in der Lage, ihr Ich mit den dazugehörigen

Gedanken und Gefühlen gänzlich auszublenden, um sich nur noch auf die geistige Energie zu fokussieren. Das Ziel dieser Stufe ist es, die *Integration* zu erleben, bei welcher sich der Mensch als solcher auflöst und sich nur noch in der Zeitlosigkeit und der kosmischen Verbundenheit wahrnimmt.

Samadhi

Die letzte Stufe des Weges hat das Erreichen eines ganz bestimmten Bewusstseinszustandes zum Ziel. Es geht darum, völlig in dem Gedanken oder Objekt, welches Gegenstand der Meditation war, aufzugehen, sodass man, wenn man dieses Objekt aus seinen Gedanken lässt, in eine völlige Gedanken- und Empfindungslosigkeit eintritt, ohne dabei einzuschlafen. Man ist nun nur noch Bewusstsein ohne Inhalt, sodass es für die geistigen Wahrheiten möglich ist, in dieses Bewusstsein hineinzuströmen. Es wird behauptet, dass es, wenn jemand den Zustand des Samadhi erst einmal erreicht hat, möglich ist, diesen über Jahre hinweg zu halten, ohne, dass der Körper dabei stirbt.

DER CHRISTLICHE SCHULUNGS-WEG (FÜHLEN)

Der christliche Schulungsweg basiert auf der Nachempfindung des Passionsweges Jesu. Der Weg Christi besteht dabei nach dem Johannesevangelium aus sieben Stufen: die Fußwaschung, die Geißelung, die Dornenkrönung, die Kreuzigung, der mystische Tod, die Grablegung und die Himmelfahrt. Die meditative Nachempfindung dieser einzelnen Schritte macht es nötig, sich für Monate von der Außenwelt zu isolieren, weshalb dieser Weg für die meisten Menschen in der heutigen Kultur keine realistische Option mehr darstellt. Deshalb wurde der dritte Weg, der Rosenkreuzer-Schulungsweg, entwickelt, welcher im Folgenden beschrieben wird.

DER ROSENKREUZER-SCHU-LUNGSWEG (WOLLEN)

Dieser Schulungsweg existiert seit dem 15. Jahrhundert und löste zu dieser Zeit mehr oder weniger den christlichen Schulungsweg ab, da dieser nicht mehr den Anforderungen der Kultur entsprach. Wie der christliche Schulungsweg besteht auch der

Rosenkreuzer-Einweihungsweg aus sieben Stufen. Diese sieben Stufen müssen nicht der Reihe nach erlangt werden, es ist vielmehr entscheidend, das Erreichen der Stufen der Individualität des*der Schüler*in anzupassen. Um den Weg abzuschließen, ist es allerdings notwendig, alle sieben Stufen zu erreichen.

Studium

Die erste Stufe ist ein eingehendes Studium der Geisteswissenschaft. Der Verstand wird dadurch solange an der sinnlichen Welt trainiert, bis er auch in der Lage ist, Geistiges wahrzunehmen. Voraussetzung hierfür sind die oben beschriebenen Nebenübungen.

Imaginative Erkenntnis

Bei der Aneignung der imaginativen Erkenntnis geht es besonders um den Astralleib. Die Organe des Astralleibes werden Chakren oder Lotusblumen genannt. Diese Chakren dienen als geistige Wahrnehmungsorgane, so, wie unsere physischen Sinnesorgane zur sinnlichen Wahrnehmung dienen. Damit die Wahrnehmung über die Lotusblumen erfolgen kann, müssen diese allerdings ausgebildet bzw. in Bewegung gebracht werden, da sie bei den meisten Menschen weitgehend stillstehen. Dabei geht es primär um die sieben Hauptchakren. Diese werden im Folgenden erläutert.

Zweiblättrige Lotusblume:

Sie liegt in der Nähe der Nasenwurzel. Sie wird auch Stirnchakra, drittes Auge oder geistiges Auge genannt und steht für die Öffnung der Seele.

Sechzehnblättrige Lotusblume:

Sie ist in der Nähe des Kehlkopfes zu finden. Sie wird auch Halschakra genannt und steht für Kommunikation und die höhere Wahrheit. Dieses Chakra macht es möglich, die Gedanken anderer Lebewesen (nicht nur Tiere und Menschen, auch Pflanzen!) wahrzunehmen.

Zwölfblättrige Lotusblume:

Sie befindet sich auf Höhe des Herzens. Sie wird auch Herzchakra genannt und steht für kosmische Liebe und Hingabe. Dieses Chakra ermöglicht es, die Gefühle anderer Lebewesen wahrzunehmen.

Achtblättrige Lotusblume:

Sie liegt in der Nähe des Nabels. Sie wird auch Solarplexuschakra genannt und steht für Gedanken und den Intellekt. Dieses Chakra ermöglicht es, die Fähigkeiten und Talente anderer Lebewesen zu erkennen.

Sechsblättrige Lotusblume:

Sie liegt etwas unter dem Nabel. Sie wird auch Sakralchakra genannt und steht für körperliche Emotionen und Sexualität.

Vierblättrige Lotusblume:

Sie ist in der Nähe der Geschlechtsorgane zu finden. Sie wird auch Wurzelchakra genannt und steht für die Verbindung zum Irdischen.

Tausendblättrige Lotusblume:

Sie liegt auf Höhe des Scheitels. Sie wird auch Kronenchakra genannt und steht für die Verbindung von Körper und Seele.

Wenn man sich dieser sieben Chakren als Wahrnehmungsorgane bedienen kann, ist es möglich, aus ihnen Erkenntnisse über die geistige Welt zu gewinnen. Bei der Ausbildung der astralen Organe spielt Rhythmus eine bedeutende Rolle. Damit sich die Lotusblumen ausbilden können, ist es nötig, Rhythmus in sein Leben zu integrieren. Es ist daher nötig, gewisse Tätigkeiten jeden Tag zu wiederholen, um so einen rhythmischen Tagesablauf zu erzeugen, das können zum Beispiel Morgen- und

Abendmeditationen sein und/oder die oben beschriebenen Neben- und Hauptübungen. In der Natur läuft alles rhythmisch ab, vom Tag- und Nachtzyklus bis zu den Jahreszeiten. Der Mensch, welcher die geistige Sphäre erforschen will, muss versuchen, an diesem rhythmischen Geschehen teilzuhaben, um eins mit der ihn umgebenden Natur zu werden. Wenn sich die Chakren weit genug ausgebildet haben, wird ein Verständnis der geistigen Welt möglich, das den Wahrnehmungen in der sinnlichen Welt ähnelt. Dieses Wahrnehmen von Bildern aus der geistigen Welt wird auch als *Imagination* bezeichnet.

Okkulte Schrift

Nach der Imagination folgt die Inspiration. Jetzt geht es darum, durch weitere Meditationen die Bilder in Zusammenhang zu setzen und die verschiedenen Kraftlinien, welche in der Welt zu finden sind, wahrzunehmen. Diese nächste Stufe der Erkenntnis wird auch „das Lesen der okkulten Schrift" genannt.

Stein der Weisen

Der nächste Schritt ist die Bereitung des Steins der Weisen, welche auch als „Vergeistigung des physischen Leibes" bezeichnet wird. Um diese Vergeistigung zu erreichen, werden hauptsächlich

Atemübungen, wie bereits im Yoga-Schulungsweg beschrieben, genutzt, was an dieser Stelle auch Rhythmisierung des Atmungsprozesses genannt wird.

Erkenntnis des Mikrokosmos

In der fünften Stufe des Rosenkreuzer-Schulungsweges geht es darum, die Entsprechung von Mikro- und Makrokosmos zu erkennen. Das bedeutet, dass dem*der Geistesschüler*in im Laufe der Entwicklung durch die verschiedenen Meditations-, Konzentrations- und Atemübungen das Verhältnis seiner*ihrer eigenen Existenz zu den Abläufen im Makrokosmos, also im Universum, klar wird.

Aufgehen in den Makrokosmos

Dieser Erkenntnis auf der fünften Stufe folgt auf der sechsten Stufe das völlige Aufgehen im Makrokosmos. Das bedeutet, dass man sich selbst deutlich als ein Teil des Großen und Ganzen wahrnehmen kann und in der Lage ist, mit dem Universum eins zu werden, ohne dabei an Selbstständigkeit zu verlieren.

Die Erreichung der Gottseligkeit

Gottseligkeit bedeutet in diesem Zusammenhang, dass alle Erlebnisse und geistigen Wahrnehmungen aus den vorangegangenen Stufen von nun an die Grundstimmung des*der Geistesschüler*in ausmachen.

Wie immer in der Anthroposophie ist es wichtig, zu beachten, dass all diese Stufen und Beschreibungen, selbst die konkreten Anweisungen, immer nur als Ansätze zu verstehen sind, die der*die Geistesschüler*in kritisch hinterfragen und seiner*ihrer Zeit, Kultur und Individualität anpassen muss. Es ist nötig, durch harte Arbeit und ständiges Erforschen seinen persönlichen Schulungsweg zu finden, da keine Vorlage Allgemeingültigkeit haben kann.

12-Monats-Plan – „Einstieg in den Yoga-Weg"

Das Studium der Geisteswissenschaft kann ohne Probleme in Ihren Alltag integriert werden. Um einen ersten Einblick in die geistige Welt zu erhalten, können Sie sich an einem der beiden 12-Monats-Pläne orientieren, welche in den folgenden Kapiteln vorgestellt werden. Für jeden Monat finden Sie im entsprechenden Plan mehrere Schritte, die Sie unternehmen können, um die

Anthroposophie langsam in Ihr Leben zu integrieren. Denken Sie immer daran, dem Plan nicht strikt zu folgen, wenn es Ihnen nicht guttut, sondern ihn vielmehr Ihren individuellen Bedürfnissen anzupassen. Es bedarf dafür keiner besonderen Vorbereitungen, teurer Anschaffungen oder besonderer Zeit. Fangen Sie einfach an.

1. Monat
• Schreiben Sie sich die goldene Regel und die Nebenregeln auf und bewahren Sie diese an einem Ort auf, an dem Sie sie täglich sehen. Das kann die Wand über Ihrem Bett oder Küchentisch sein, aber auch ein Notiz- oder Tagebuch.

• Nehmen Sie sich jeden Tag 5-20 Minuten für die erste Nebenübung Zeit, um so erste Erfahrungen mit der anthroposophischen Meditation zu sammeln.

• Gewöhnen Sie sich an, jeden Abend vor dem Schlafen eine Tagesrückschau in Ihre Routine zu integrieren.

2. Monat
• Integrieren Sie eine Pflicht, wie sie in der zweiten Nebenübung beschrieben wurde, in Ihren Alltag.

• Sammeln Sie erste Erfahrungen mit den Seelenübungen, indem sie versuchen, jeden Tag für 5-10

Minuten über eine sinnbildliche Vorstellung zu meditieren.

- Behalten Sie die Tagesrückschau bei.

3. Monat

- Wenden Sie sich der dritten Nebenübung zu.

- Versuchen Sie, die fünf Verhaltensregeln des Yama, der ersten Stufe des Yoga-Weges, in Ihr Leben zu integrieren. Beginnen Sie wieder damit, sich die Regeln aufzuschreiben und sie an einem Ort aufzubewahren, an dem Sie sie jeden Tag sehen.

- Versuchen Sie diesen Monat, Ihre Seelenübung, statt mit einer sinnbildlichen Vorstellung, mit einer mathematischen Vorstellung auszuüben und schauen Sie, ob es Ihnen einen größeren Mehrwert bringt als die Übung im Monat davor.

- Die Tagesrückschau ist mittlerweile vermutlich ein fester Bestandteil Ihres Lebens geworden, behalten Sie diese bei.

- Weiterhin können Sie Ihre Erfahrungen, Beobachtungen oder Meditationsfortschritte in einem Tagebuch festhalten, wenn Ihnen das zusagt.

4. Monat

• Widmen Sie sich in diesem Monat der vierten Nebenübung: der Positivität.

• Um einen körperlichen Ausgleich zu allen geistigen Übungen herzustellen, können Sie sich der dritten Stufe des Yoga-Weges, dem Asanam, widmen. Bauen Sie eine tägliche, kurze Einheit körperlichen Yogas in Ihren Tagesablauf ein. Hierfür reichen bereits 10-30 Minuten. Suchen Sie sich die Stellungen aus, die Ihnen am besten gefallen.

• Versuchen Sie in diesem Monat, eine Empfindung als Meditationsinhalt für Ihre Seelenübungen zu nutzen, und vergleichen Sie Ihre Erfahrungen wieder mit den vorangegangenen Monaten.

• Führen Sie weiterhin die abendliche Tagesrückschau durch.

5. Monat

• In diesem Monat steht die fünfte Nebenübung, die Unvoreingenommenheit, im Mittelpunkt. Für diese Übung ist es von Vorteil, wenn Sie Ihre Kenntnisse in einem Gebiet, das außerhalb Ihrer Komfortzone liegt, erweitern. Hierzu können Sie zum Beispiel Grundkenntnisse in einem wissenschaftlichen Gebiet, mit welchem Sie bis jetzt keine

Berührungspunkte hatten, erwerben (wie wäre es zum Beispiel mit Astrophysik oder Architektur?) oder sie können Ihren kulturellen Horizont erweitern, indem Sie sich mit klassischer Literatur oder Opern beschäftigen. Die Möglichkeiten hier sind unbegrenzt. Versuchen sie, die Kraft, welche Sie im letzten Monat aus der Übung der Positivität schöpfen konnten, zu nutzen, um Interessantes, Gutes und Schönes auch in Bereichen zu finden, die Ihnen bis jetzt fremd und unverständlich waren. Hinterfragen Sie dabei alles neu Gelernte kritisch und reflektieren Sie Ihren persönlichen Nutzen.

• Führen Sie Ihre Seelenübung wieder mit einem neuen Meditationsinhalt durch. Diesen Monat können Sie ein Wort oder Mantra versuchen. Vergleichen Sie wieder Ihre Erfahrungen.

• Behalten Sie entweder Ihre tägliche Routine physischen Yogas bei oder mindern Sie Ihre Trainingseinheiten auf 2-3 Mal die Woche, wenn sich das leichter in Ihren Alltag integrieren lässt.

• Beenden Sie den Tag, wie gewohnt, mit einer Tagesrückschau.

6. Monat

• Wiederholen Sie alle fünf Nebenübungen im zyklischen Wechsel (zum Beispiel in einem Drei-Tages-Zyklus). Es ist das Ziel dieser rhythmischen Wiederholung, ein inneres Gleichgewicht zu erlangen.

• Mittlerweile haben Sie sicherlich eine Präferenz, mit welchem Meditationsinhalt Sie Ihre Seelenübungen ausführen möchten. Vertiefen Sie Ihre täglichen Meditationen mit den von Ihnen präferierten Inhalten.

• Widmen Sie sich weiterhin Ihren Einheiten körperlichen Yogas und der Tagesrückschau.

7. Monat

• In diesem Monat steht die zweite Stufe des Yoga-Wegs, also das Nyama, im Mittelpunkt. Versuchen Sie, die fünf Regeln in Ihren Alltag zu integrieren. Am besten gehen Sie dazu wieder so vor, dass Sie die Regeln zuerst wie gewohnt aufschreiben und an einem gut sichtbaren Ort aufbewahren.

• Führen Sie Ihre Seelenübungen, die Yoga-Übungen und Ihre Tagesrückschau wie gewohnt fort.

8. Monat

• Konzentrieren Sie sich im achten Monat noch einmal auf die erste Nebenübung. Es mag Ihnen zu einfach vorkommen, da Sie mittlerweile viel Meditationserfahrung haben, aber versuchen Sie trotzdem, die Gedankenkontrolle zu nutzen, um die fünfte Stufe des Yoga-Weges (Pratyahara) zu erreichen.

• Führen Sie Ihre Seelenübungen, die Yoga-Übungen und Ihre Tagesrückschau wie gewohnt fort.

9. Monat

• In diesem Monat soll es verstärkt um Atemübungen gehen, um so die vierte Stufe des Yoga-Weges abzuschließen. Falls Sie Ihre körperlichen Yoga-Übungen nicht mehr jeden Tag durchführen, empfiehlt es sich, dies in diesem Monat wieder aufzunehmen, da sich die Atemübungen besonders gut in Ihre tägliche Yoga-Praxis integrieren lassen.

• Widmen Sie sich weiterhin täglich den Seelenübungen und der Tagesrückschau.

10. Monat

• Da es ab jetzt darum geht, Ihre Meditation zu intensivieren, ist es empfehlenswert, im zehnten Monat noch einmal die fünfte Stufe des Yoga-Weges in Kombination mit der ersten Nebenübung in den Fokus zu nehmen.

• Behalten Sie Ihre liebsten Atemübungen für Ihr Yoga-Training bei und führen Sie auch sonst die

Seelenübungen und die Tagesrückschau wie gewohnt durch.

11. Monat

• Im elften Monat könnten Sie sich der sechsten Stufe des Yoga-Weges widmen, welche eine Fortführung der fünften darstellt. Versuchen Sie, das Abstellen Ihrer Sinneseindrücke zu erlernen oder zu perfektionieren. Das wird sehr wahrscheinlich deutlich länger dauern als einen Monat, aber lassen Sie sich dadurch nicht vom Ziel abbringen.

• Mittlerweile haben Sie vermutlich eine individuelle Routine von Atem- und Körperübungen, Meditation und Tagesrückschau entwickelt. Lassen Sie diese nicht schleifen.

12. Monat

• Arbeiten Sie in diesem Monat (sowie in den folgenden Monaten) weiter an der Erreichung des Dharana, aber haben Sie dabei bereits die nächste Stufe, das Dhyana, im Blick.

• Versuchen Sie, Ihre tägliche Routine so zu perfektionieren, dass Sie sie über einen langen Zeitraum weiter ausführen können. Denn die vergangenen zwölf Monate waren natürlich erst ein erster Schritt in die Welt der Anthroposophie und Ihr Studium

kann jetzt, durch die Grundlagen, welche Sie erschaffen haben, erst richtig beginnen. Haben Sie viel
Freude und Erfolg auf Ihrem weiteren Weg.

8-Monats-Plan „Einstieg in den Rosenkreuzer-Weg"

1. Monat

Schreiben Sie sich die goldene Regel und die Nebenregeln auf und bewahren Sie diese an einem Ort auf, an dem Sie sie täglich sehen. Das kann die Wand über Ihrem Bett oder Küchentisch sein, aber auch ein Notiz- oder Tagebuch.

• Nehmen Sie sich jeden Tag 5-20 Minuten für die erste Nebenübung Zeit, um so erste Erfahrungen mit der anthroposophischen Meditation zu sammeln.

• Gewöhnen Sie sich an, jeden Abend vor dem Schlafen eine Tagesrückschau in Ihre Routine zu integrieren.

2. Monat

• Integrieren Sie eine Pflicht, wie sie in der zweiten Nebenübung beschrieben wurde, in Ihren Alltag.

• Sammeln Sie erste Erfahrungen mit den Seelenübungen, indem Sie versuchen, jeden Tag für 5-10 Minuten über eine sinnbildliche Vorstellung zu meditieren.

• Da die erste Stufe des Rosenkreuzer-Weges im eingehenden Studium der Geisteswissenschaft besteht, ist es empfehlenswert, wenn Sie zusätzlich Ihre theoretischen Kenntnisse der Anthroposophie vertiefen. Es gibt die Möglichkeit, Kurse zu belegen, Videos zu schauen oder Bücher zu lesen. Es ist sehr viel anthroposophisches Material im Internet frei verfügbar. Ein großer Teil von Rudolf Steiners Werk ist frei zugänglich. Suchen Sie sich Teile aus, die Sie besonders interessieren, und versuchen Sie, sich jeden Tag für ein paar Minuten mit dem theoretischen Teil der Anthroposophie zu beschäftigen. Lassen Sie sich nicht von der Masse der Informationen einschüchtern, es nicht notwendig, alles zu wissen und sofort zu verstehen.

- Behalten Sie die Tagesrückschau bei.

3. Monat

- Wenden Sie sich der dritten Nebenübung zu.

- Wenden Sie die Aufmerksamkeit Ihres theoretischen Studiums in diesem Monat besonders den Lotusblumen zu.

- Versuchen Sie in diesem Monat, Ihre Seelenübung statt mit einer sinnbildlichen Vorstellung mit einer mathematischen Vorstellung auszuüben, und schauen Sie, ob es Ihnen einen größeren Mehrwert bringt als die Übung im Monat davor.

- Die Tagesrückschau ist mittlerweile vermutlich ein fester Bestandteil Ihres Lebens geworden, behalten Sie sie bei.

- Weiterhin können Sie Ihre Erfahrungen, Beobachtungen oder Meditationsfortschritte in einem Tagebuch festhalten, wenn Sie mögen.

4. Monat

- Widmen Sie sich in diesem Monat der vierten Nebenübung: der Positivität.

- Versuchen Sie nun, eine Empfindung als

Meditationsinhalt für Ihre Seelenübungen zu nutzen, und vergleichen Sie Ihre Erfahrungen wieder mit den vorangegangenen Monaten.

• Richten Sie Ihre Aufmerksamkeit bei den Meditationen auch auf die Lotusblumen.

• Versuchen Sie, Ihren Alltag Stück für Stück zu „rhythmisieren", indem Sie sich selbst kleine Rituale (z. B. im Sinne der Nebenübungen, vielleicht aber auch körperlicher Natur) ausdenken, die Sie für Ihr Geistesstudium als zuträglich betrachten, und diese in Ihren Tagesablauf zu integrieren und jeden Tag zu wiederholen.

• Führen Sie weiterhin die abendliche Tagesrückschau durch.

5. Monat

In diesem Monat steht die fünfte Nebenübung, die Unvoreingenommenheit, im Mittelpunkt. Für diese Übung ist es von Vorteil, wenn Sie Ihre Kenntnisse in einem Gebiet, welches außerhalb Ihrer Komfortzone liegt, erweitern. Hierzu können Sie zum Beispiel Grundkenntnisse in einem wissenschaftlichen Gebiet, mit welchem Sie bis jetzt keine Berührungspunkte hatten, erwerben (wie wäre es z. B. mit Astrophysik oder Architektur?) oder Sie können Ihren kulturellen Horizont erweitern, indem Sie sich mit klassischer Literatur oder Opern beschäftigen. Die Möglichkeiten hier sind unbegrenzt. Versuchen sie, die Kraft, welche Sie im letzten Monat aus der Übung der Positivität schöpfen konnten, zu nutzen, um Interessantes, Gutes und Schönes auch in Bereichen zu finden, die Ihnen bis jetzt fremd und unverständlich waren. Hinterfragen Sie dabei alles neu Gelernte kritisch und reflektieren Sie Ihren persönlichen Nutzen.

• Führen Sie Ihre Seelenübung wieder mit einem neuen Meditationsinhalt durch. Diesen Monat können Sie ein Wort oder Mantra versuchen. Vergleichen Sie wieder Ihre Erfahrungen. Konzentrieren Sie sich weiterhin auf die Lotusblumen.

• Behalten Sie die Rituale Ihrer täglichen Routine bei.

• Beenden Sie den Tag, wie gewohnt, mit einer Tagesrückschau.

6. Monat

Wiederholen Sie alle fünf Nebenübungen im zyklischen Wechsel (zum Beispiel in einem Drei-Tages-Zyklus). Es ist das Ziel dieser rhythmischen Wiederholung, ein inneres Gleichgewicht zu erlangen.

• Konzentrieren Sie sich bei Ihrem theoretischen Studium auf die okkulte Schrift.

• Mittlerweile haben Sie sicherlich eine Präferenz, mit welchem Meditationsinhalt Sie Ihre Seelenübungen ausführen möchten. Vertiefen Sie Ihre täglichen Meditationen mit dem von Ihnen präferierten Inhalt. Versuchen Sie, die zweite Stufe des Rosenkreuzer-Weges zu erreichen, indem Sie Ihre Lotusblumen bewusst wahrnehmen und daran arbeiten, Sie als Wahrnehmungsorgane auszubilden.

• Widmen Sie sich weiterhin Ihren täglichen Ritualen und der Tagesrückschau.

7. Monat

• Führen Sie weiterhin die Nebenübungen aus, welche Ihnen für Ihren Weg am zuträglichsten erscheinen.

• Falls Sie in Ihren Seelenübungen bereits spüren können, dass Ihre Lotusblumen aktiviert wurden, versuchen Sie, sich bei Ihren Meditationen vermehrt auf die okkulte Schrift zu konzentrieren. Dieser Schritt wird im Normalfall allerdings deutlich länger als einige Monate dauern, lassen Sie sich nicht entmutigen und denken Sie immer daran, dass jedes Studium individuell ausfällt.

• Informieren Sie sich in Ihrem theoretischen Studium genauer über den Stein der Weisen.

• Bauen Sie Atemübungen in Ihre tägliche Routine ein. Führen Sie ansonsten Ihre Rituale und die Tagesrückschau wie gewohnt durch.

8. Monat

• Behalten Sie die Nebenübungen, welche Ihnen sinnvoll erscheinen, bei.

• Informieren Sie sich in Ihrem theoretischen Studium über die Zusammenhänge von Mikro- und Makrokosmos.

• Führen Sie Ihre Rituale, Atemübungen und die Tagesrückschau wie gewohnt durch.

• Wann Sie die nächsten Stufen erreichen und wie Ihre Seelenübungen ab jetzt aussehen, hängt von Ihrem ganz individuellen Erkenntnisweg ab. Diese ersten acht Monate sollen Ihnen nur den Einstieg in das praktische Studium der Anthroposophie erleichtern. Ab jetzt wäre es nicht weiter sinnvoll, eine konkrete Anleitung zu geben, da der Sinn des Studiums in der individuellen Beschreitung des Weges liegt.

Für den christlichen Glaubensweg wird an dieser Stelle keine nähere Einstiegshilfe gegeben, da es, um diesen Weg zu beschreiten, nötig ist, sich für

mehrere Monate, vielleicht sogar Jahre, von der All-
tagswelt zu isolieren, und er außerdem unter der
Aufsicht einer Lehrperson beschritten werden muss.
Auch für die anderen Wege können Sie sich professi-
onelle Unterstützung suchen. Diese Anleitungen sollen Ihnen den ersten Einstieg in die Welt der Anthroposophie erleichtern.

Welchen Weg Sie auch wählen, denken Sie immer daran, ihn Ihren persönlichen Umständen anzupassen und diese Anleitung, ganz im Sinne der Anthroposophie, nur als Ansatz und nicht als Gebot zu
verstehen. Es ist auch eine Kombination aus beiden
Wegen denkbar. Im Endeffekt ist das am besten für
Sie geeignet, was Sie der geistigen Welt besonders
nahe bringt.

Literaturverzeichnis

Steiner, R. (1924). *Anthroposophische Leitsätze.* Berlin: Lunata.

Steiner, R. (1961). *Gesamtausgabe Schriften.* Dornach: Rudolf Steiner Verlag.

Steiner, R. (1992). *Rudolf Steiner Gesamtausgabe Vorträge.* Dornach: Rudolf Steiner Verlag.

Steiner, R. (2001). *Gesamtausgabe, Seelenübungen.* Dornach: Rudolf Steiner Verlag.

Herstellung und Verlag:

BoD – Books on Demand, Norderstedt

ISBN: 9783751983785

1. Auflage

Kontakt: Psiana eCom UG/ Berumer Str. 44/ 26844 Jemgum

Covergestaltung: Fenna Larsson

Coverfoto: depositphotos.com